# तन्हा रातें VOL - 7

श्रीराज मेनन

Copyright © Shreeraj Menon
All Rights Reserved.

# क्रम-सूची

# क्रम-सूची

# क्रम-सूची

# क्रम-सूची

# क्रम-सूची

# भूमिका

पुस्तक में लेखक द्वारा लिखित हिंदी कविताएँ और शायरी शामिल हैं। इसमें कविताएं, शायरी और प्रेरणादायक उद्धरण शामिल हैं।

इस पुस्तक में लेखक द्वारा लिखी गई कुछ कविताएँ और शायरियाँ हैं जो प्रेम, प्रकृति और जीवन के सामान्य दैनिक पहलुओं पर आधारित हैं। कुछ प्रेरक प्रसंग भी हैं। प्यार में पाया गया प्यार, खोया हुआ प्यार और फिर से जगा हुआ प्यार शामिल है। इसी तरह, प्रकृति में प्रकृति का महत्व है और लोग बिना किसी दुष्प्रभाव के प्रकृति का अपने फायदे के लिए दुरुपयोग करते हैं। सामान्य में जीवन के सामान्य पहलू होते हैं जो लोगों और परिवेश के साथ चलते हैं।

# पावती (स्वीकृति)

मैं अपने उन दोस्तों को धन्यवाद देना चाहता हूं जिन्होंने मुझे कविताएं और शायरी लिखने के लिए प्रेरित किया, जिसे मैं कहता था और भूल जाता था। मैं Your Quote प्लेटफॉर्म और उसके सभी सदस्यों और समूहों को भी धन्यवाद देना चाहता हूं जिन्होंने मुझे अनुमति दी और मुझे इसके मंच पर अपनी सामग्री लिखने के लिए प्रेरित किया। मैं नोशन प्रेस और उसके सभी सदस्यों को भी धन्यवाद देना चाहता हूं जिन्होंने मुझे अपनी सामग्री को अपने मंच और समय-समय पर मार्गदर्शन के माध्यम से प्रकाशित करने की अनुमति दी, जो उन्होंने मुझे मेरी त्रुटियों को ठीक करने के लिए दिया।

# 1. आसेब-ज़दा - भूतिया

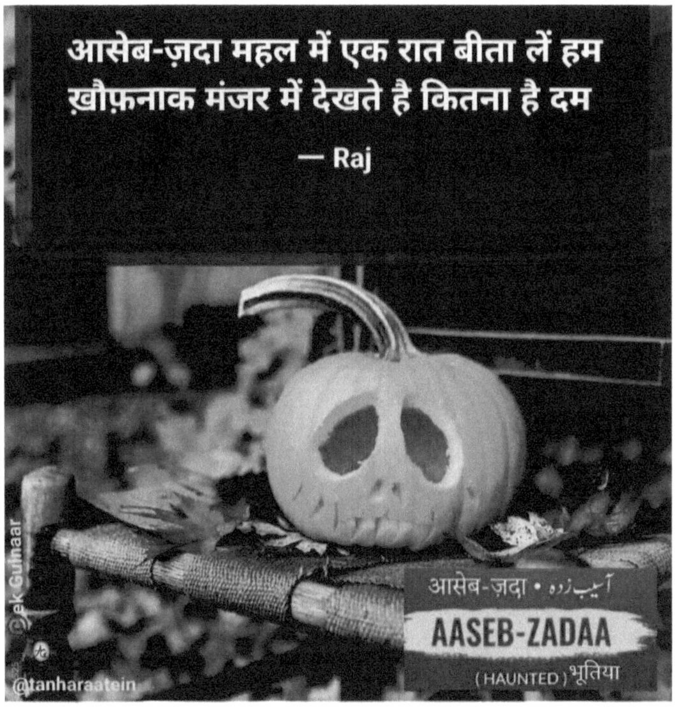

आसेब-ज़दा महल में एक रात बीता लें हम
ख़ौफ़नाक मंजर में देखते है कितना है दम
— Raj
आसेब-ज़दा
AASEB-ZADAA
(HAUNTED) भूतिया
@ek Gulnaar
@tanharaatein

# 2. आबला - छाला

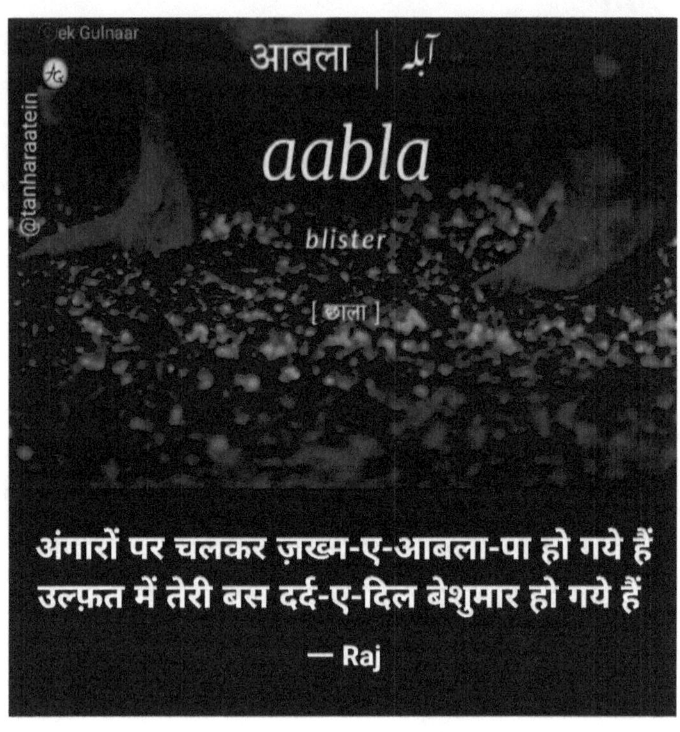

आबला | آبْلہ

*aabla*

blister

[ छाला ]

अंगारों पर चलकर ज़ख़्म-ए-आबला-पा हो गये हैं
उल्फ़त में तेरी बस दर्द-ए-दिल बेशुमार हो गये हैं
— Raj

@ek Gulnaar

@tanharaatein

# 3. अन्फ़ुस - आध्यात्मिक दुनिया

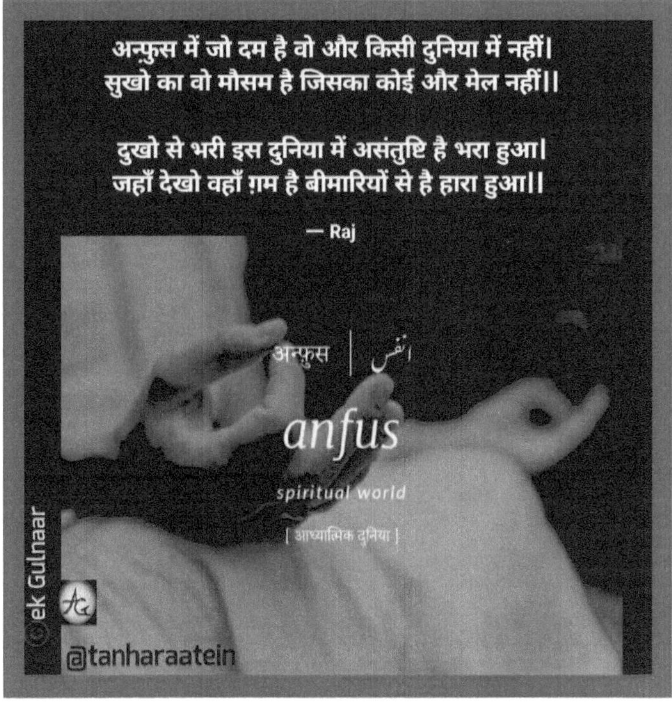

# 4. असरार - भेद

असरार-ए-दिल की कब तक छुपाऊ मैं।
छुपाये नहीं छुपता मोहब्बत ये दिल के।।
— Raj
असरार
asraar
secrets
[ भेद ]
©ek Gulnaar
@tanharaatein

# 5. अव्वल - प्रथम

अव्वल प्रेम कहानी मेरी भुला नहीं जाता
यादों में बसें है लेकिन स्वीकारा नहीं जाता

— Raj

# 6. सिल बट्टा - पिसने वाला पत्थर

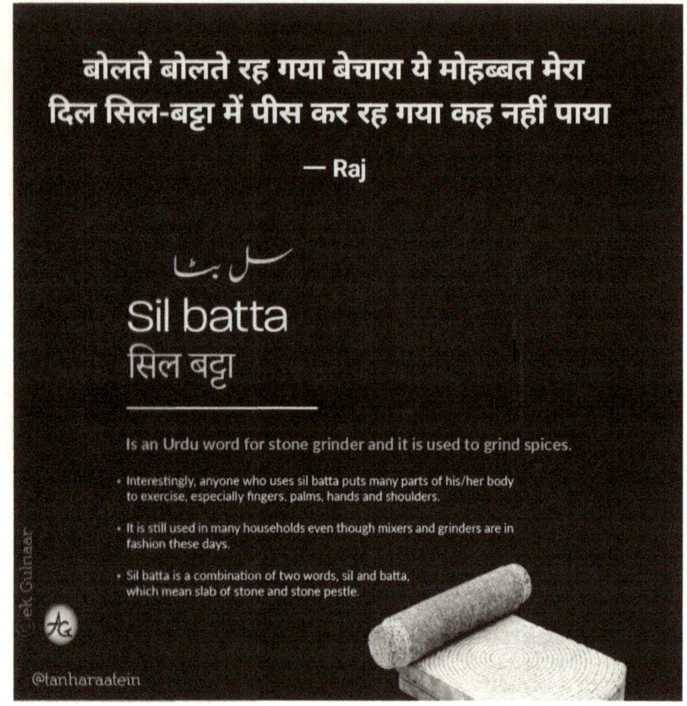

# 7. चारा साज़ - चिकित्सक

चारा साज़ो ने तो पूरी कोशिश की बचाने को इस महामारी में
लोग बच पाए या न पाए ये तो उनकी तकदीर पर निर्भर है
— Raj
चारा साज़/چاره ساز
चिकित्सक/ physician
YourQuote.in

# 8. आहिस्ता आहिस्ता

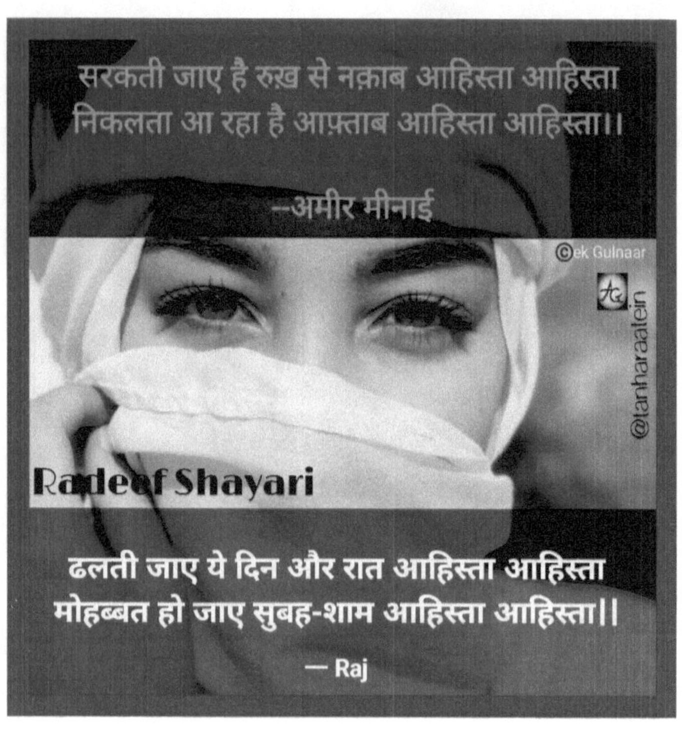

सरकती जाए है रुख़ से नक़ाब आहिस्ता आहिस्ता
निकलता आ रहा है आफ़्ताब आहिस्ता आहिस्ता।।

—अमीर मीनाई

©ek Gulnaar

@tanharaalein

Radeef Shayari

ढलती जाए ये दिन और रात आहिस्ता आहिस्ता
मोहब्बत हो जाए सुबह-शाम आहिस्ता आहिस्ता।।

— Raj

# 9. दीदा-वर - जौहरी/पारखी

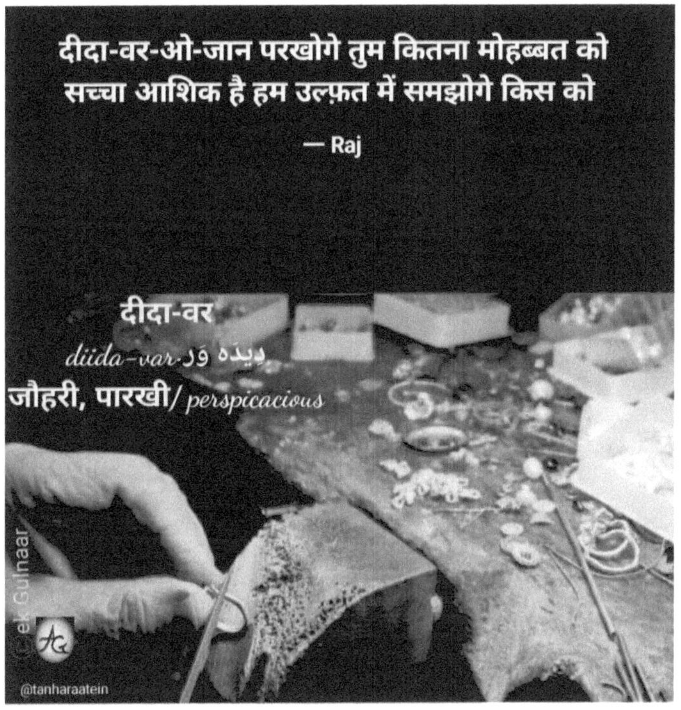

# 10. दरीचा - खिड़की

दिल का दरीचा खुला है तुम्हारे इश्क़ में सनम
एक झलक अपना दिखाते जाओ मेरे सनम

– Raj

दरीचा/دریچہ
window/खिड़की

# 11. सदा - पुकार

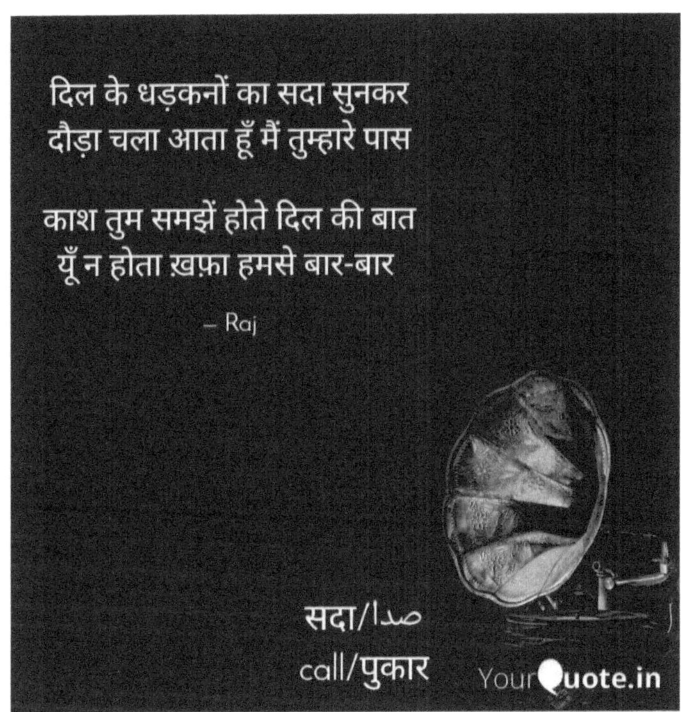
दिल के धड़कनों का सदा सुनकर
दौड़ा चला आता हूँ मैं तुम्हारे पास

काश तुम समझें होते दिल की बात
यूँ न होता ख़फ़ा हमसे बार-बार

— Raj

सदा/صدا
call/पुकार
YourQuote.in

# 12. ज़ीस्त - जीवन

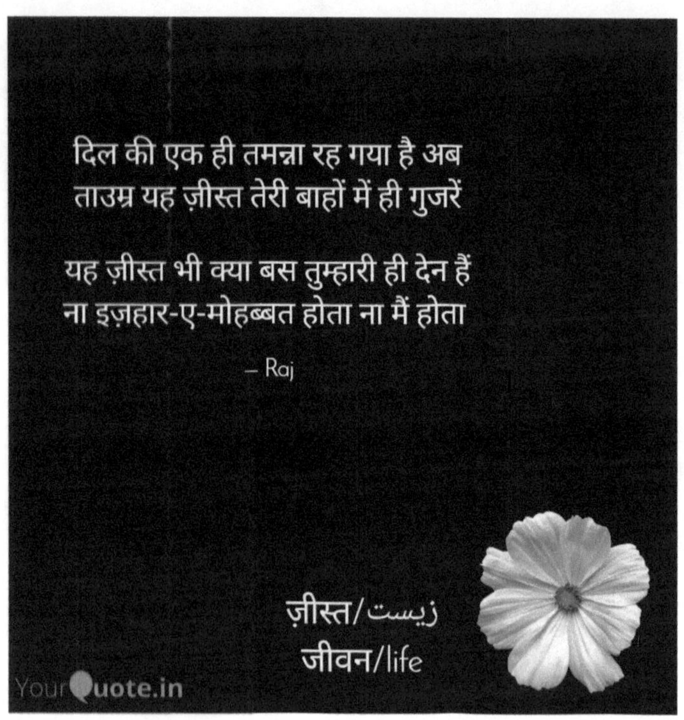

दिल की एक ही तमन्ना रह गया है अब
ताउम्र यह ज़ीस्त तेरी बाहों में ही गुजरें

यह ज़ीस्त भी क्या बस तुम्हारी ही देन हैं
ना इज़हार-ए-मोहब्बत होता ना मैं होता

– Raj

ज़ीस्त/زیست
जीवन/life

# 13. दरख़्त - वृक्ष

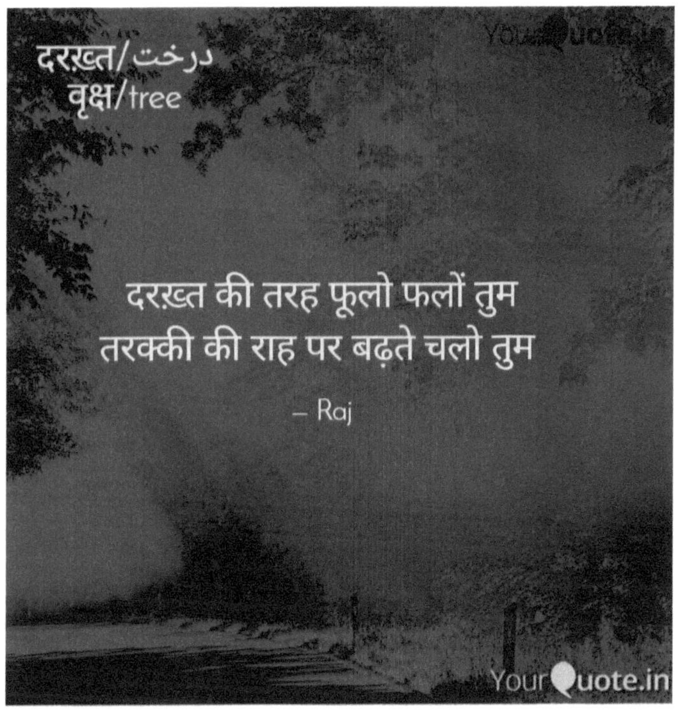

# 14. एहसान - उपकार

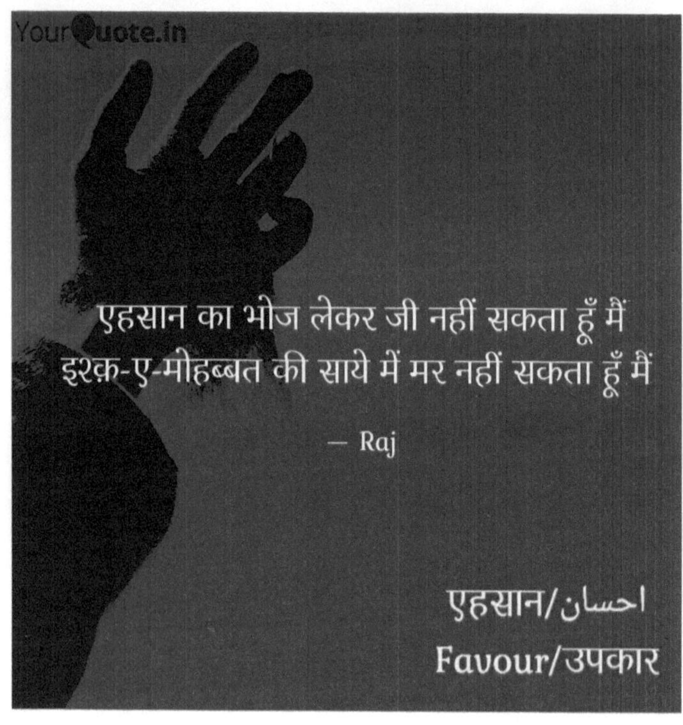
एहसान का भोज लेकर जी नहीं सकता हूँ मैं
इश्क़-ए-मीहब्बत की साये में मर नहीं सकता हूँ मैं
— Raj
एहसान/احسان
Favour/उपकार

# 15. बेवा - विधवा

बेवा/بیوہ
widow/विधवा
एक पल में जिसकी ज़िन्दगी की खुशियाँ है उजड़ जाती
वो बेवा जो शोहर से जुदा होकर ज़िन्दगी है गुजरती
– Raj
YourQuote.in

# 16. सज्दा कर लिया

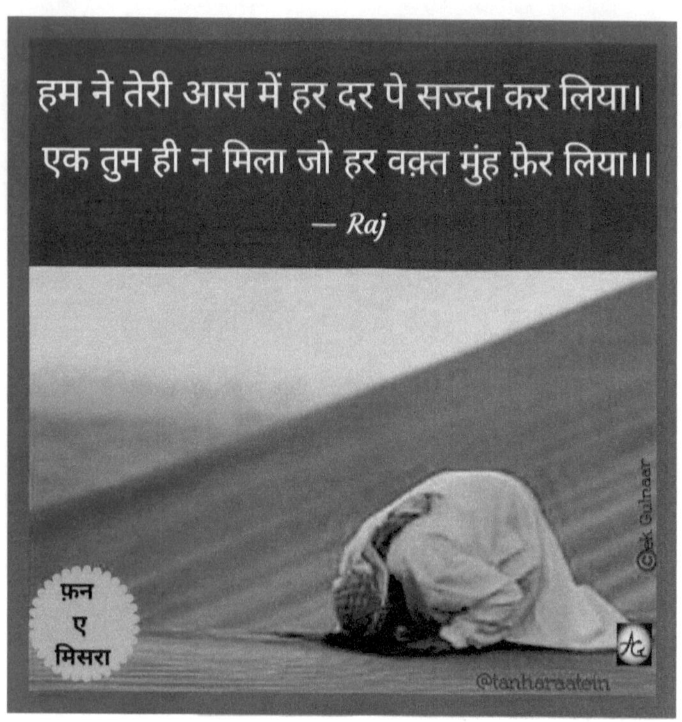

हम ने तेरी आस में हर दर पे सज्दा कर लिया।
एक तुम ही न मिला जो हर वक़्त मुंह फ़ेर लिया।।
— Raj
फ़न
ए
मिसरा
@tanharaatein

# 17. फ़हम - समझ

फ़हम कर अपनी मोहब्बत को तुमसे
इज़हार-ए-इश्क़ कर बैठा था मैंने

इंतजार लगा रहता है अब तुमसे
कबूल-ए-इश्क़ सुनने की मुझें

— Raj

फ़हम/فہم
Understanding/ समझ

# 18. फ़लक - आसमान

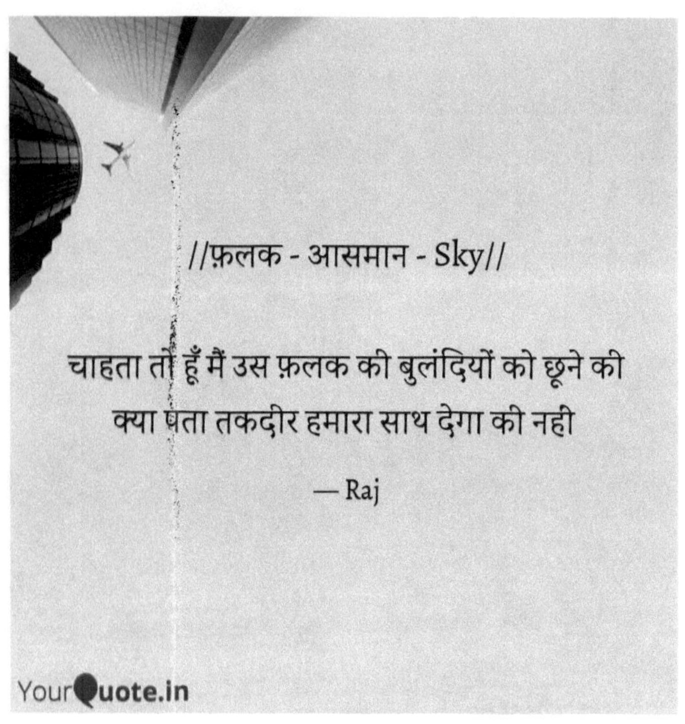

//फ़लक - आसमान - Sky//

चाहता तो हूँ मैं उस फ़लक की बुलंदियों को छूने की
क्या पता तकदीर हमारा साथ देगा की नही

— Raj

# 19. हादी - पथप्रदर्शक

# 20. मालियात - वित्त

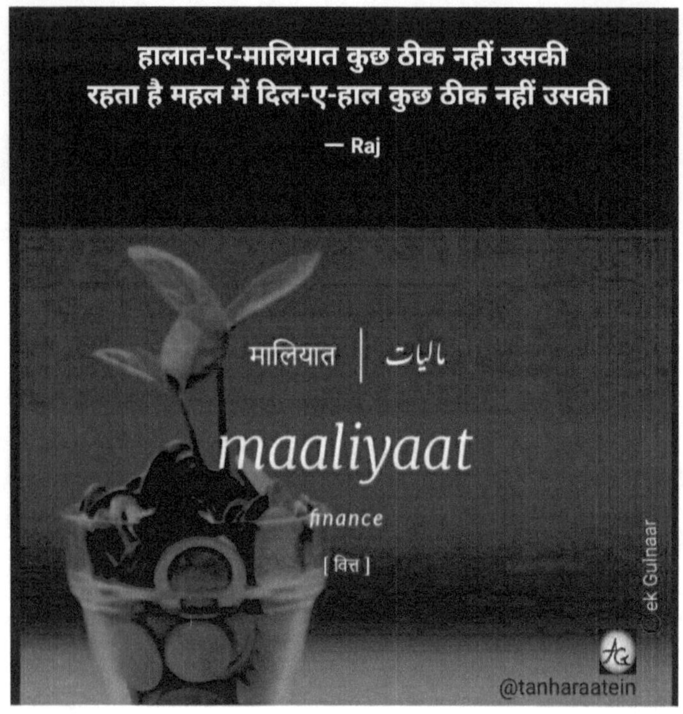

हालात-ए-मालियात कुछ ठीक नहीं उसकी
रहता है महल में दिल-ए-हाल कुछ ठीक नहीं उसकी

— Raj

मालियात | مالیات

maaliyaat

finance

[ वित्त ]

@tanharaatein

# 21. हमराह - रास्ते का साथी

# 22. तजरबा - अनुभव

इश्क़-ए-मोहब्बत में हमें तजरबा नहीं है अब तक
कोई मिला नहीं हमें इश्क़-ए-जान अब तक

– Raj

तजरबा/تَجْرِبَہ
experiences/अनुभव
YourQuote.in

# 23. गश्त - दौरा/भ्रमण

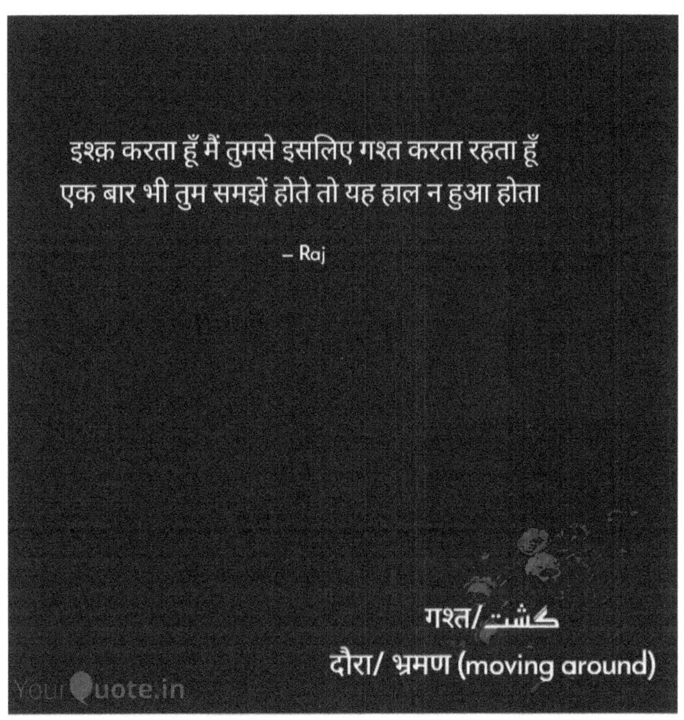

# 24. जिहत - दिशा

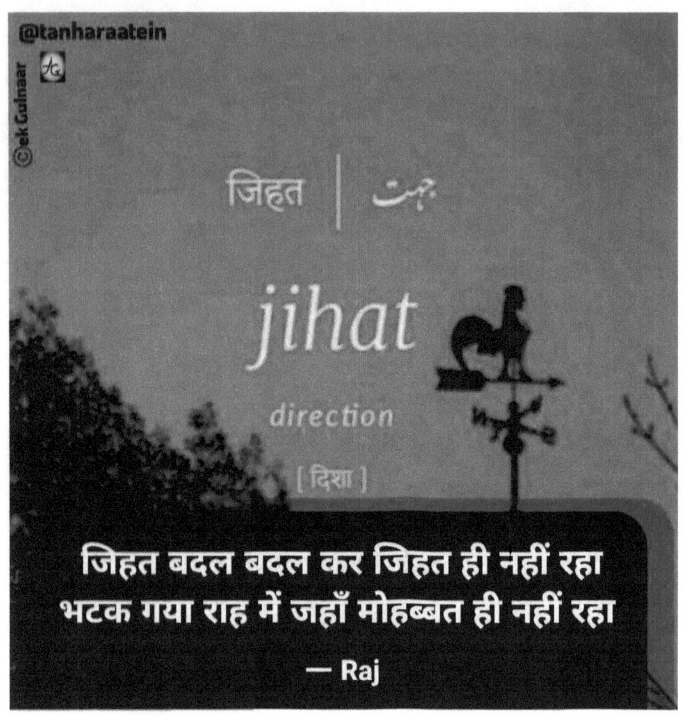

@tanharaatein
जिहत
jihat
direction
[ दिशा ]
जिहत बदल बदल कर जिहत ही नहीं रहा
भटक गया राह में जहाँ मोहब्बत ही नहीं रहा
— Raj

# 25. अयाँ - ज़ाहिर

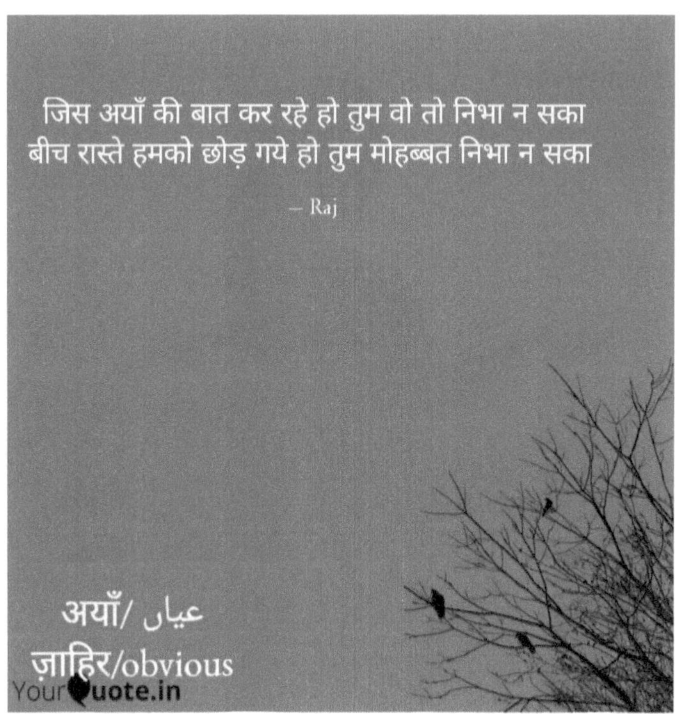

जिस अयाँ की बात कर रहे हो तुम वो तो निभा न सका
बीच रास्ते हमको छोड़ गये हो तुम मोहब्बत निभा न सका

— Raj

अयाँ/ عیاں
ज़ाहिर/obvious
YourQuote.in

# 26. फ़रोग़-ए-दिल - ज्योत दिल का

# 27. फ़ानूस - दीपाधार

फ़ानूस | فانوس
fanoos
a chandelier
[ दीपाधार ]
जलता रहे यूँ ही इश्क़-ए-रोशनी-ए-फ़ानूस में
मेहकता रहे यूँ ही फ़िज़ाहे ख़ुदा की रहमत से
— Raj
©ek Gulnaar
@tanharaatein

# 28. फ़लक - आसमान

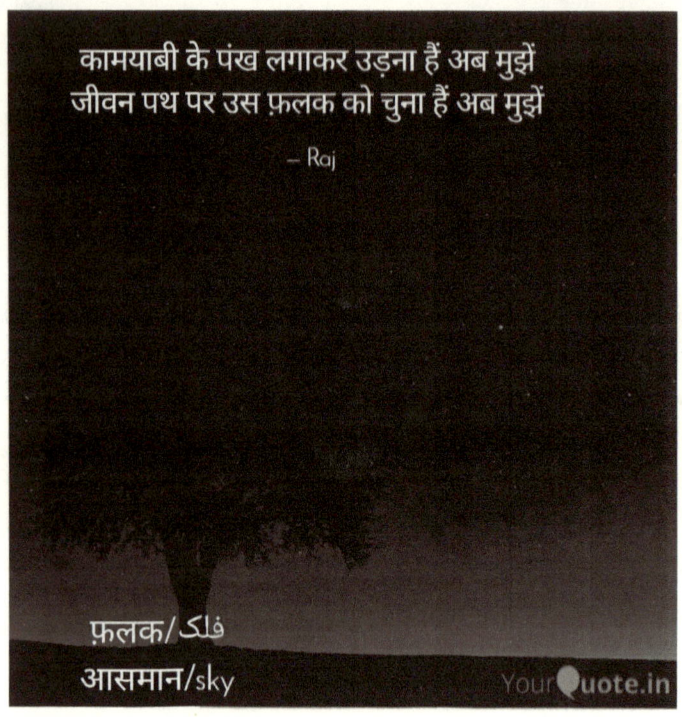

कामयाबी के पंख लगाकर उड़ना हैं अब मुझें
जीवन पथ पर उस फ़लक को चुना हैं अब मुझें
– Raj
फ़लक/فلک
आसमान/sky
YourQuote.in

# 29. कफ़्फ़ारा - प्रायश्चित्त

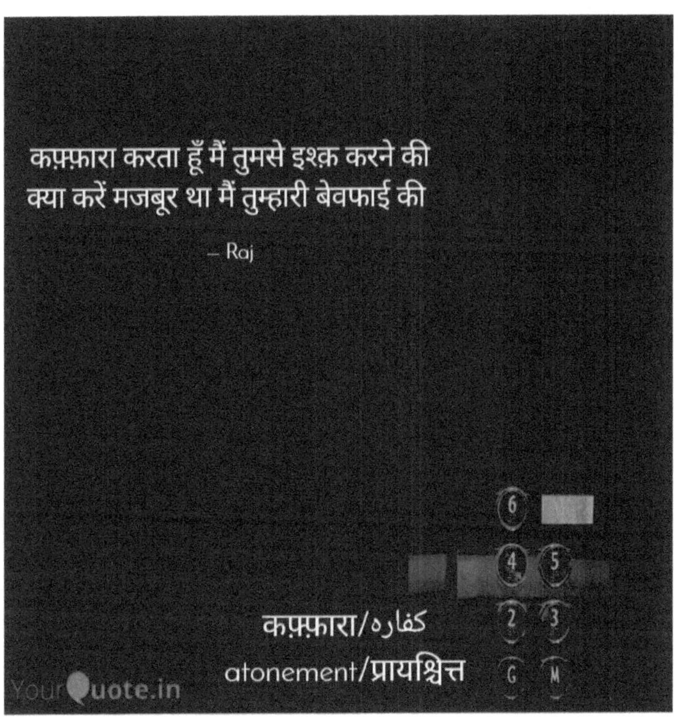

# 30. ख़ाम - कच्चा

ख़ाम-ए-जवानी तेरी ज़रा और वक़्त गुज़र लें
बालिग़ होगा तन-मन से तब इश्क़ की बातें कर लें
— Raj
ख़ाम
khaam
raw
[ कच्चा ]
©ek Gulnaar
@tanharaatein

# 31. ख़ामोशी - मौन

ख़ामोश है मंज़र और ख़ामोशी है छायी हुई
शांत है दिल और ये शोर न कर दें रुसवाई

— Raj

# 32. ख़ुद-सर - ज़िद्दी

ख़ुद-सर सा आदत तेरी कहीं दरार न कर जाए
रिश्ता-ए-मोहब्बत का कहीं ख़फ़ा न कर जाए
— Raj
ख़ुद-सर
khud-sar
stubborn
[ ज़िद्दी ]
ek Gulnaar
@tanharaatein

# 33. वबाल - बोझ/मुसीबत

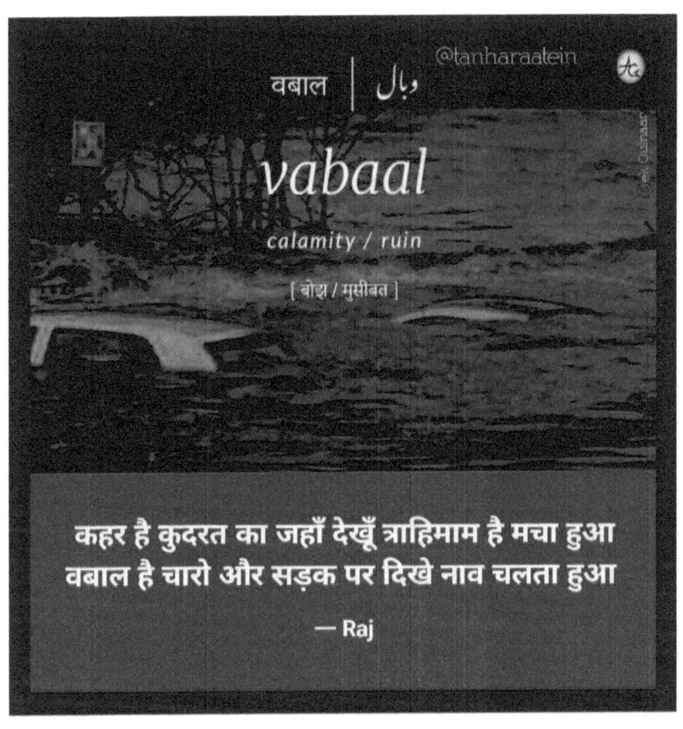

# 34. कम-ज़र्फ़ - ओछा/ अनुदार/नीच

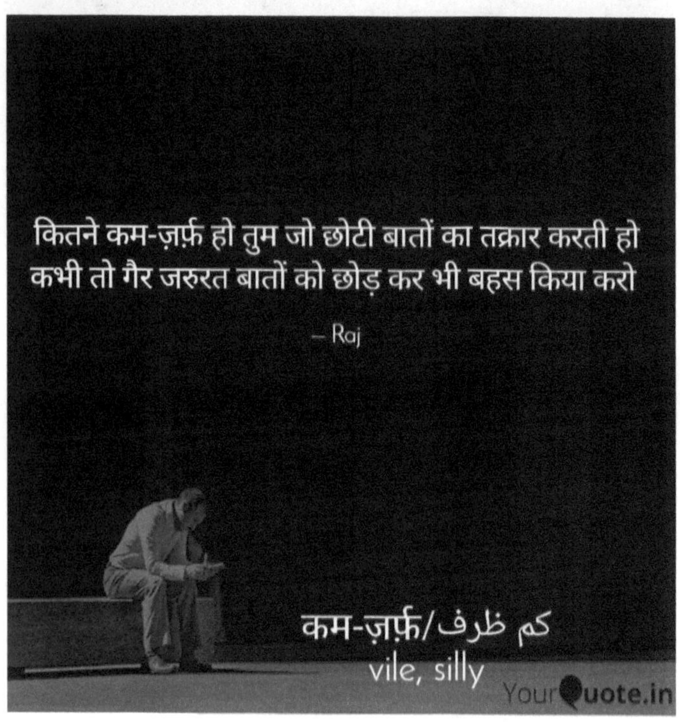

# 35. ख़ुश्क - सूखा

# 36. बीमार-ए-इश्क़

@tanharaatein
©ok Gulnaar
Radeef Shayari
ग़म्ज़ा नहीं होता कि इशारा नहीं होता
आँख उनसे जो मिलती है तो क्या क्या नहीं होता।।
--अकबर इलाहाबादी
कोई तो बचा ले मुझको इस बीमार-ए-इश्क़ से
ये सादगी-ए-दिल है कोई दिल्लगी नहीं होता।।
— Raj

# 37. कश़्फ़ - रहस्योध्दाटन

# 38. लब-ए-साहिल - समुन्दर का तट

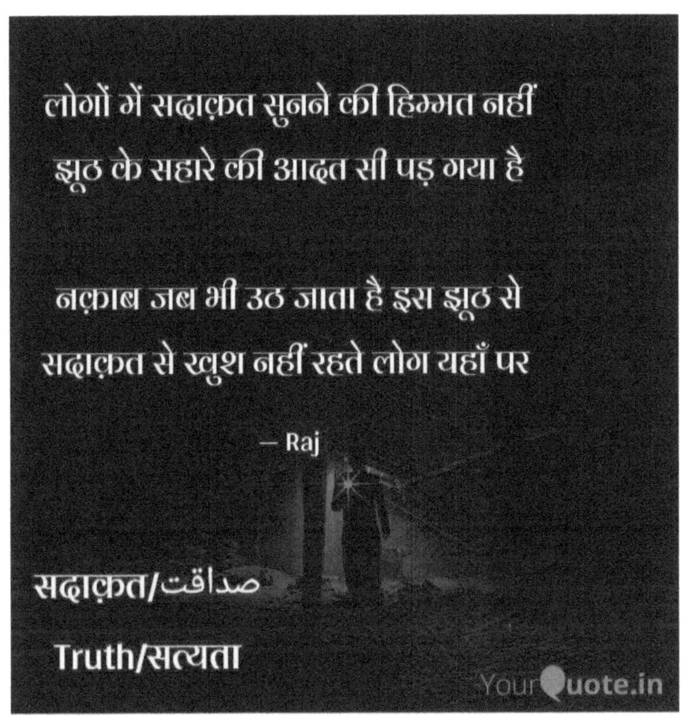
लोगों में सदाक़त सुनने की हिम्मत नहीं
झूठ के सहारे की आदत सी पड़ गया है

नक़ाब जब भी उठ जाता है इस झूठ से
सदाक़त से ख़ुश नहीं रहते लोग यहाँ पर

— Raj

सदाक़त/صداقت

Truth/सत्यता

# 40. अय्यारी - छल

मैंने की है मोहब्बत तुमसे सच्चे दिल से
पर खेल समझ कर दिल को तोड़ दिया

इश्क़-ए-मोहब्बत पर यकीन करें कैसे
इस जहाँ में लोग है अय्यारीयों से भरा

— Raj

अय्यारी/عیاری
छल/cunningness

# 41. रौनक़-अफ़ज़ा - शोभा बढ़ाने वाला

# 42. मम्नून - कृतज्ञ/ आभारी

# 43. विरासत - उत्तराधिकार

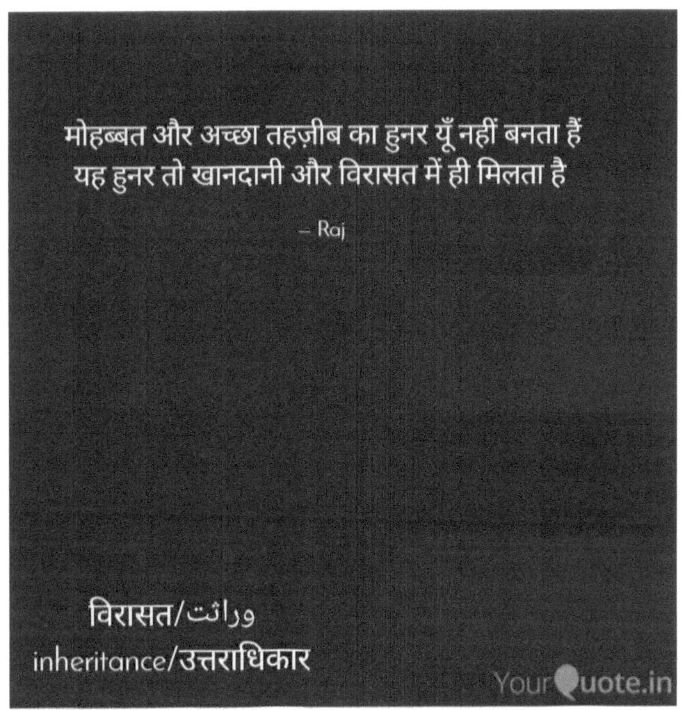

# 44. तज़लील - अपमान

@tanharaatein
©ek Gulnaar
tazliil
तज़लील تذليل
humiliation.
अपमान
मोहब्बत-ए-दिल का मेरा अहलियत क्या जाने
तज़लील-ए-मोहब्बत कर दर्द बेशुमार दें दिए
— Raj

# 45. आलम-ए-असबाब

• 45 •

# 46. ग़िचक - सारंगी

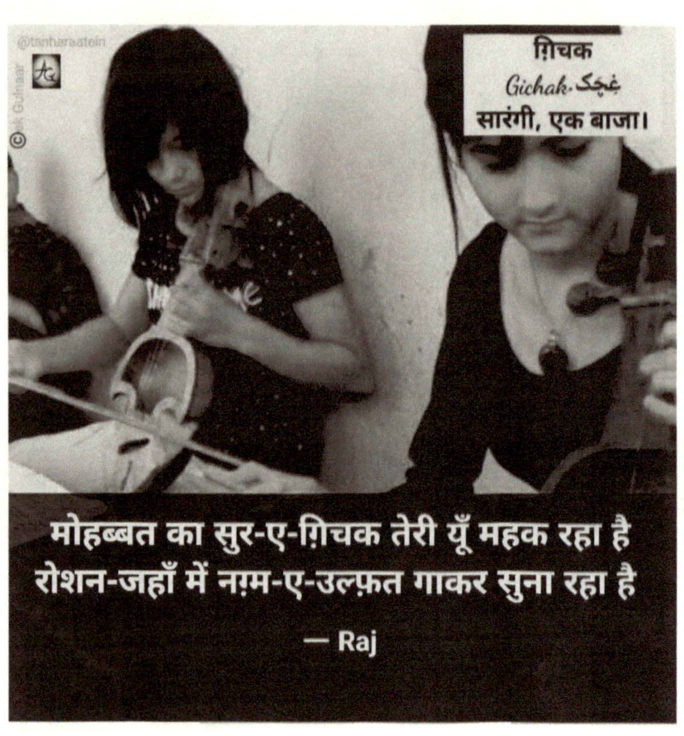

ग़िचक
Gichak
سارंगी, एक बाजा।
मोहब्बत का सुर-ए-ग़िचक तेरी यूँ महक रहा है
रोशन-जहाँ में नग़्म-ए-उल्फ़त गाकर सुना रहा है
— Raj

# 47. रक़ीब - प्रतिद्वंद्वी



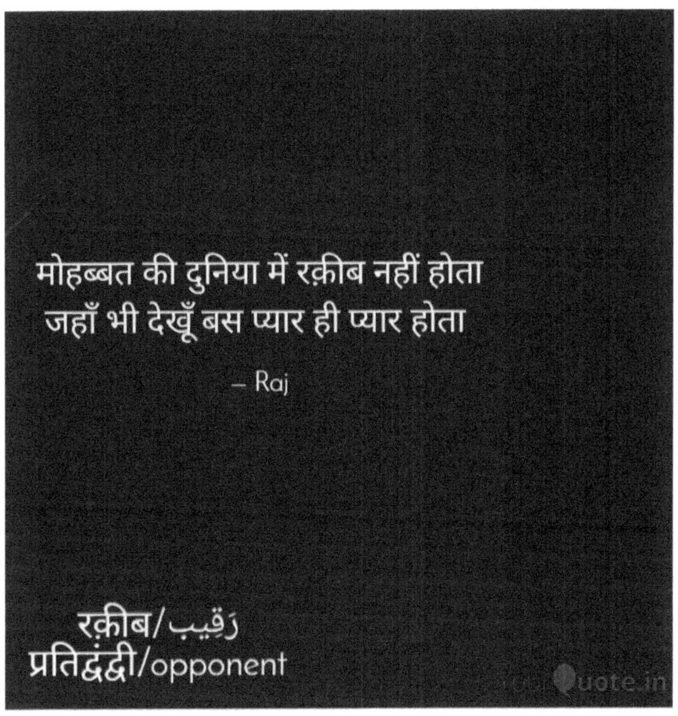

# 48. इस्म - पाप

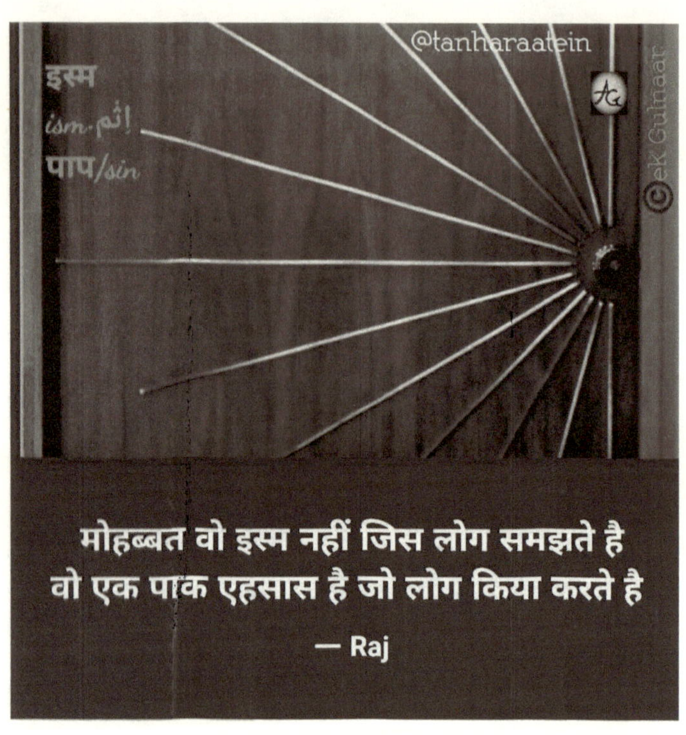

इस्म
ism-اِثْم!
पाप/sin
@tanharaatein
©ek Gulnaar
मोहब्बत वो इस्म नहीं जिस लोग समझते है
वो एक पाक एहसास है जो लोग किया करते है
— Raj

# 49. सुम्बुल - एक खुशबूदार घास

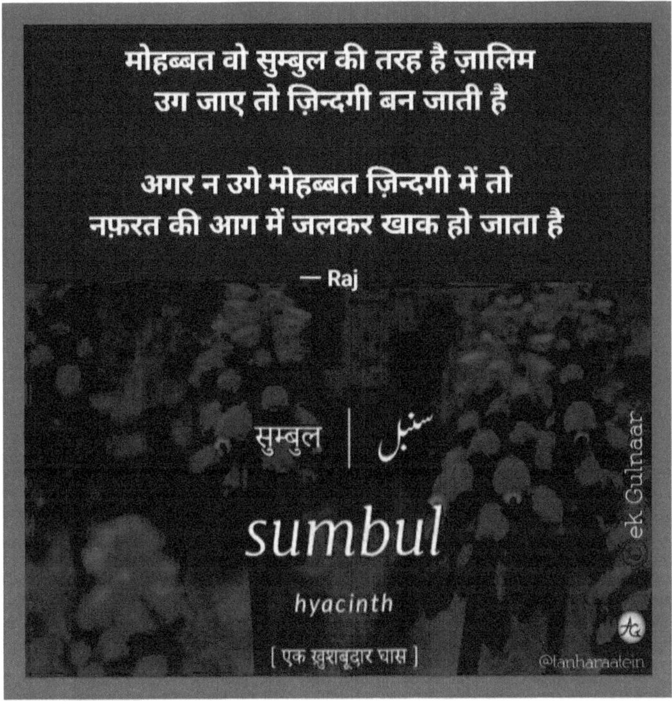

# 50. मुसन्निफ़ - लेखक

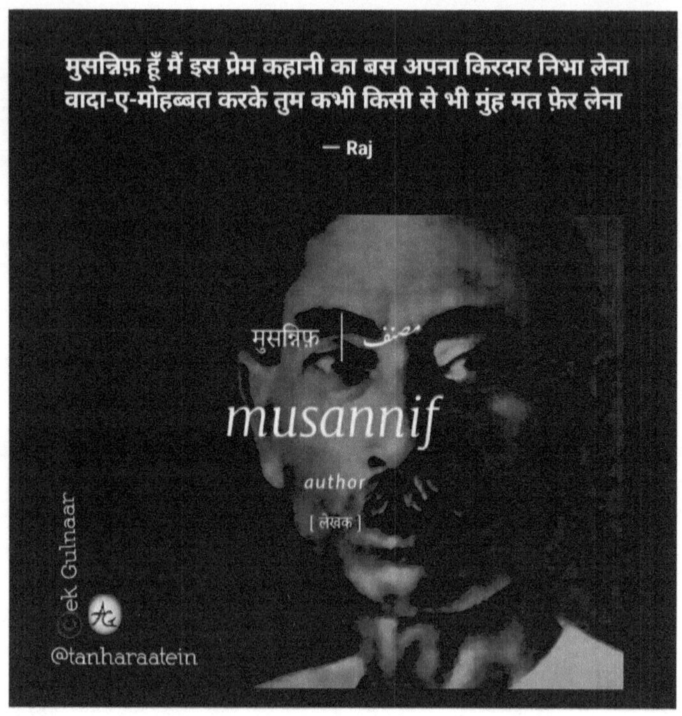

मुसन्निफ़ हूँ मैं इस प्रेम कहानी का बस अपना किरदार निभा लेना
वादा-ए-मोहब्बत करके तुम कभी किसी से भी मुंह मत फ़ेर लेना

— Raj

मुसन्निफ़ | مصنف

musannif

author

[ लेखक ]

@ek Gulnaar

@tanharaatein

# 51. ना-उम्मीद - निराश

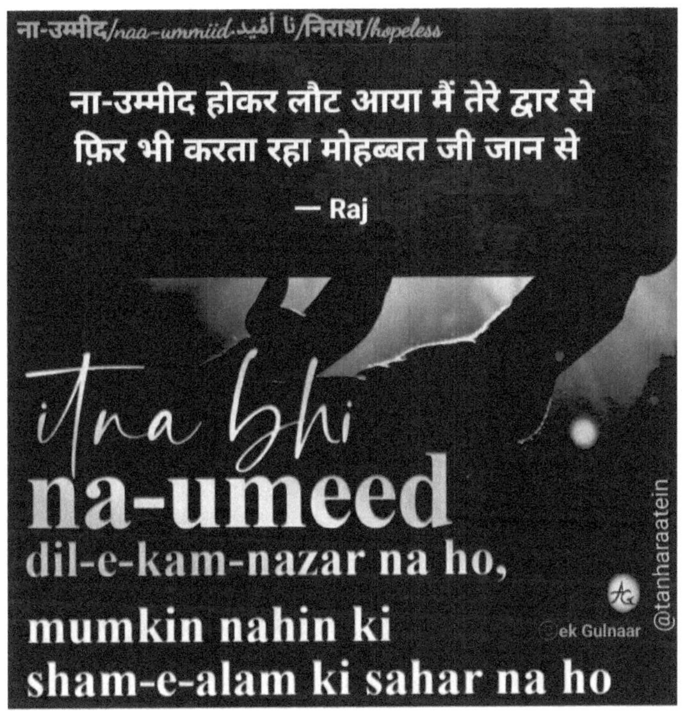

ना-उम्मीद/naa-ummiid ناامید | निराश/hopeless
ना-उम्मीद होकर लौट आया मैं तेरे द्वार से
फ़िर भी करता रहा मोहब्बत जी जान से
— Raj
itna bhi
na-umeed
dil-e-kam-nazar na ho,
mumkin nahin ki
sham-e-alam ki sahar na ho
ek Gulnaar
@tanharaatein

# 52. निज़ाम व्यवस्था



निज़ाम-ओ-मोहब्बत इस ज़मी पर
खुदा की ही रहनुमा से भरा है।

ग़र खुदा ने मोहब्बत की बरकत न दिया होता
यह ज़मीं यह कायनात न रहता।

– Raj

निज़ाम/نظام
arrangement/व्यवस्था

# 53. ज़िक्र कहीं गुलाब का

# 54. नोक-ए-नश्तर - छुरी की नोक

# 55. फ़िराक़ - वियोग

फ़िराक़
firaaq- فراق
वियोग / separation
नज़दीकियाँ मोहब्बत में कुछ इस क़दर बढ़ गए
फ़िराक़ में जो दर्द-ए-दिल का आलम बन गए
— Raj
©ek Gulnaar

# 56. आब-रसानी - पानी पहुँचाने की व्यवस्था

# 57. लब-ए-तर - गीले होंठ

# 58. क़बा - परिधान

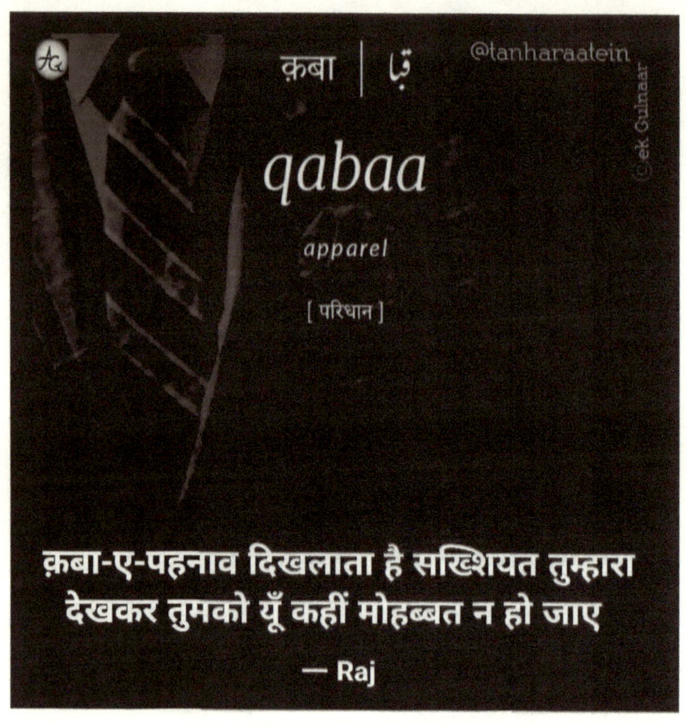
क़बा | قبا
@tanharaatein
©ek Gulnaar
qabaa
apparel
[ परिधान ]
क़बा-ए-पहनाव दिखलाता है सख़्शियत तुम्हारा
देखकर तुमको यूँ कहीं मोहब्बत न हो जाए
— Raj

# 59. मुंतज़र - जिसका इंतज़ार

# 60. राह-ए-उल्फ़त

हुस्न ओ उल्फ़त में ख़ुदा ने रब्त पैदा कर दिया
दर्द-ए-दिल मुझको दिया तुमको मसीहा कर दिया।।
--जमील मानिकपुरी

राह-ए-उल्फ़त में दिल को तेरे नाम कर दिया
दर्द-ए-दिल देकर तुमने मुझको क्या कर दिया।।

— Raj

# 61. नक़ाब - बुर्क़ा

राह-ए-ज़िन्दगी में ग़मो का शोर बहुत है ज़माने में
ग़म-ए-उदासी में भी नक़ाब-ए-मुस्कान ओढ़ लेना
— Raj
नक़ाब
naqaab•نقاب
बुर्क़ा/fem
@tanharaatein

# 62. मईशत - जीविका

रेगिस्तान में फसे लोग मईशत में रहते हैं
यहाँ तो लोग सब कुछ पाकर भी खुश नहीं

— Raj

मईशत/معیشت
जीविका/subsistence

# 63. महरूमी - वंचित रहना

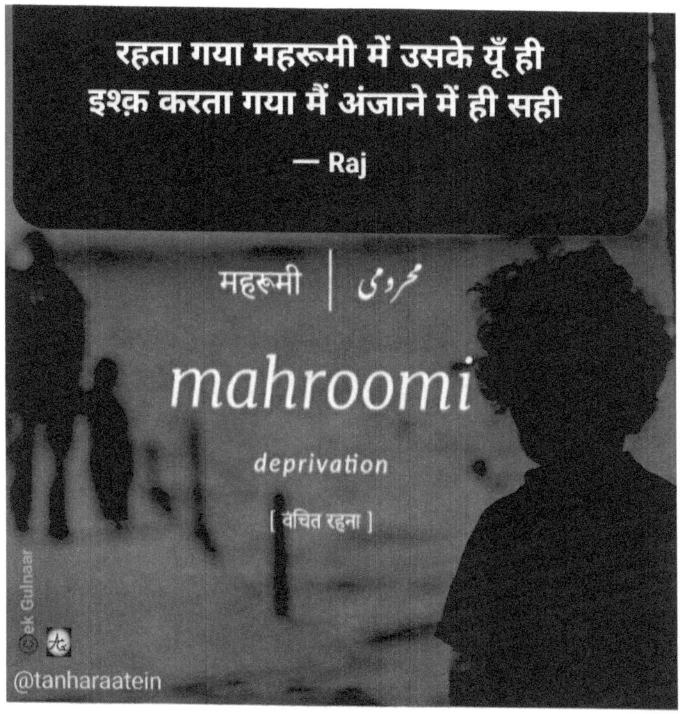

# 64. नशा-ए-ज़िन्दगी

जो अपनी है वो ख़ाक-ए-दिल-नशीं ही काम आएगी।
गिरोगे आसमाँ से जब ज़मीं ही काम आएगी।।
--जफ़र गोरखपुरी

रहते हो ज़मीं पर ये नशा-ए-ज़िन्दगी ही काम आएगी।
नफ़रत में अक्सर मोहब्बत-ए-दिल ही काम आएगी।।

— Raj

©ek Gulnaar

Radeef
Shayari

@tanharaatein

# 65. रंग-ए-गुलाल

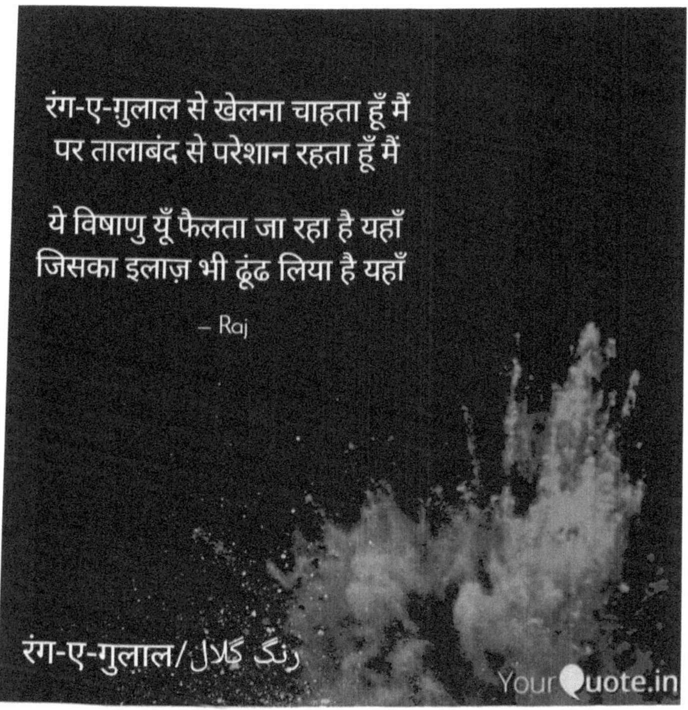

रंग-ए-गुलाल से खेलना चाहता हूँ मैं
पर तालाबंद से परेशान रहता हूँ मैं

ये विषाणु यूँ फैलता जा रहा है यहाँ
जिसका इलाज़ भी ढूंढ लिया है यहाँ

– Raj

रंग-ए-गुलाल/
YourQuote.in

# 66. नफ़स - श्वास

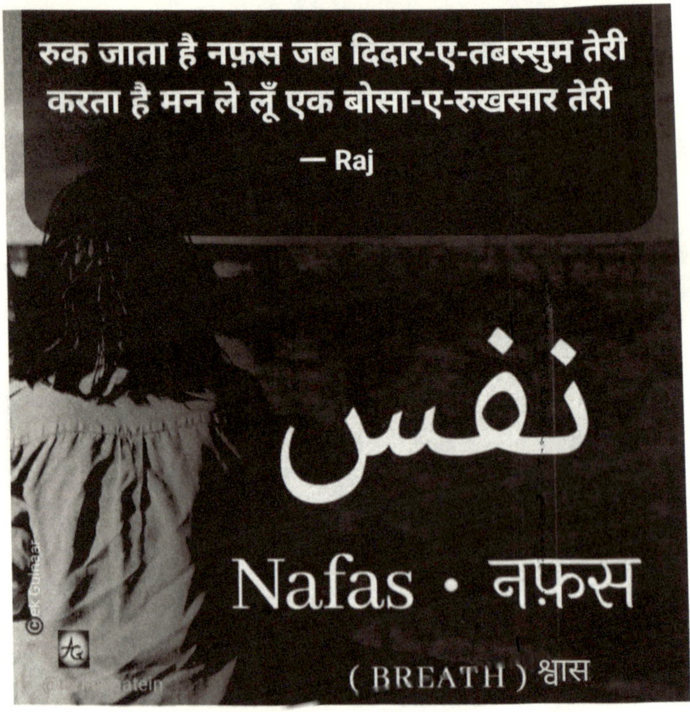

रुक जाता है नफ़स जब दिदार-ए-तबस्सुम तेरी
करता है मन ले लूँ एक बोसा-ए-रुखसार तेरी
— Raj
نفس
Nafas • नफ़स
( BREATH ) श्वास

# 67. दिल का दीवाना

मासूम नज़र का भोला-पन ललचा के लुभाना क्या जाने।
सच्चे दिल का दिवाना-पन झूठ और फ़रेब क्या जाने।।
— Raj
©ek Gulnaar
फ़न
ए
मिसरा
@tanharaatein

# 68. सदाक़त - सच्चाई

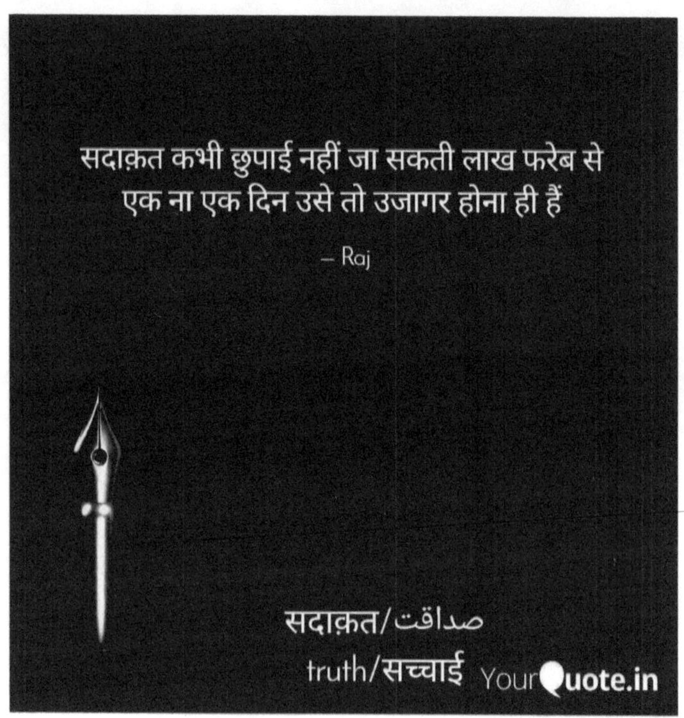

सदाक़त कभी छुपाई नहीं जा सकती लाख फरेब से
एक ना एक दिन उसे तो उजागर होना ही हैं

— Raj

सदाक़त/صداقت
truth/सच्चाई YourQuote.in

# 69. सेहर-अंगेज़ - मनमोहन

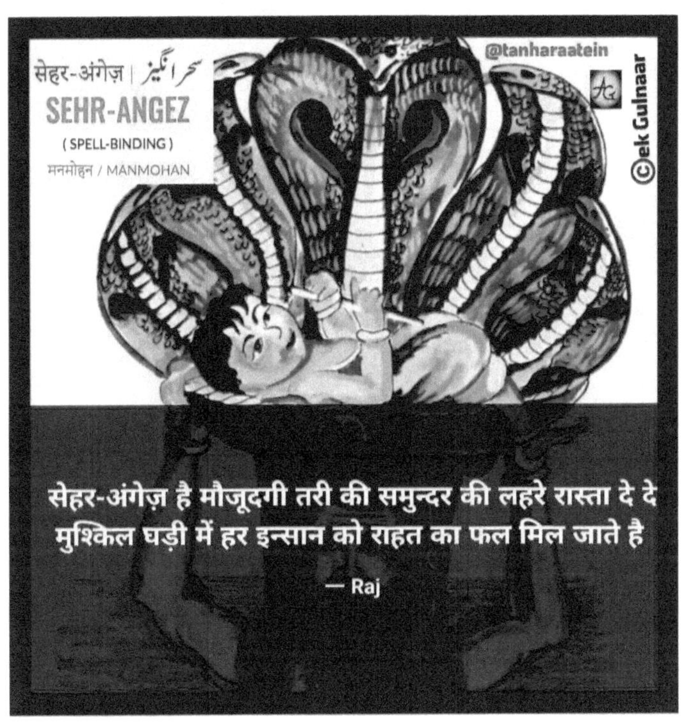

# 70. शाद - प्रसन्न

# 71. शाज़िआ - दुर्लभ

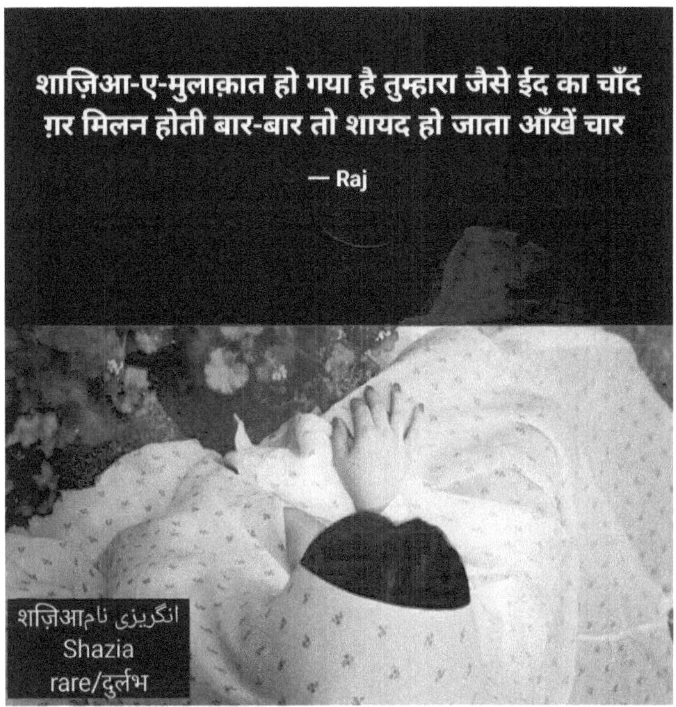

शाज़िआ-ए-मुलाक़ात हो गया है तुम्हारा जैसे ईद का चाँद
ग़र मिलन होती बार-बार तो शायद हो जाता आँखें चार
— Raj
शज़िआ
Shazia
rare/दुर्लभ

# 72. शब-ए-तन्हाई - रात का अकेलापन

# 73. शबनम - ओस

शबनम सा नूरानी तुम्हारा चेहरा चुम्बक सा आकर्षण है इसमें।
दिल फिसल जाता है देखकर एक अजीब सा कशिश है इसमें।

– Raj

शबनम/شبنم
dew/ओस

# 74. गुलाबी शहर

JAIPUR
(RAJASTHAN)
शहर-ओ-शहर घूम कर देखा पर देखा नहीं गुलाबी शहर जैसा
आकर्षण पे आकर्षण देखा पर देखा नहीं आकर्षण उस शहर जैसा
— Raj
Gulaabi Shahr / गुलाबी शहर
PINK CITY
©ek Gulnaar
@tanharaatein

# 75. समीम-ए-क़ल्ब से - सच्चे दिल से

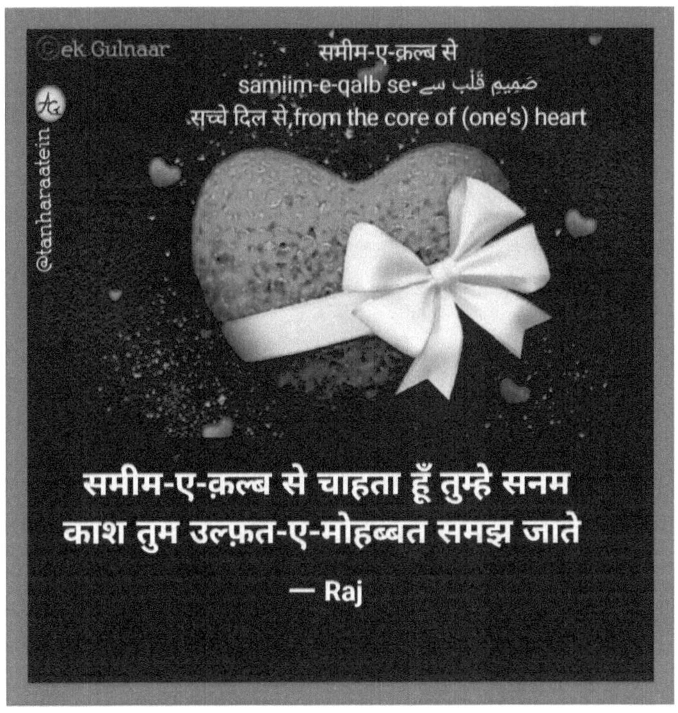

# 76. सब्ज़-बाग़ - हरियाली

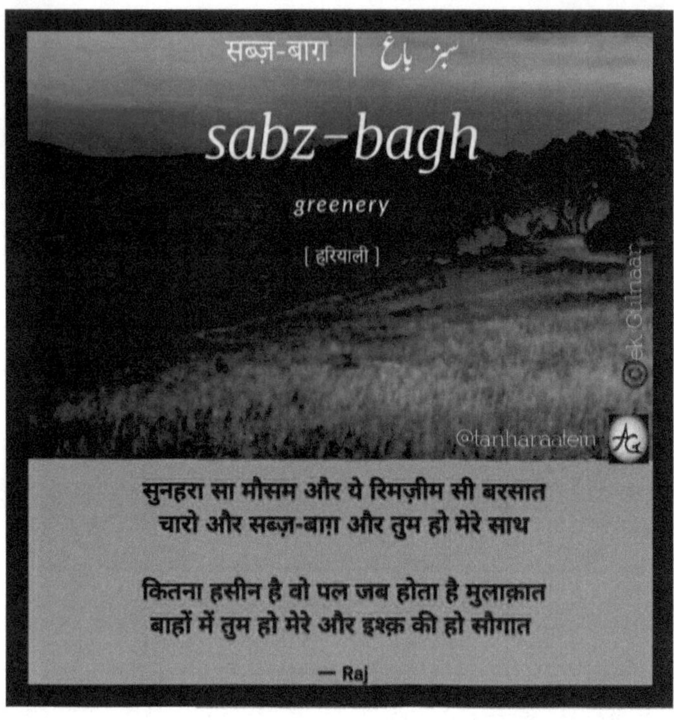

# 77. ता-हद्द-ए-नज़र - जहाँ तक नज़र जाए

# 78. तावीज़ - रक्षाकवच

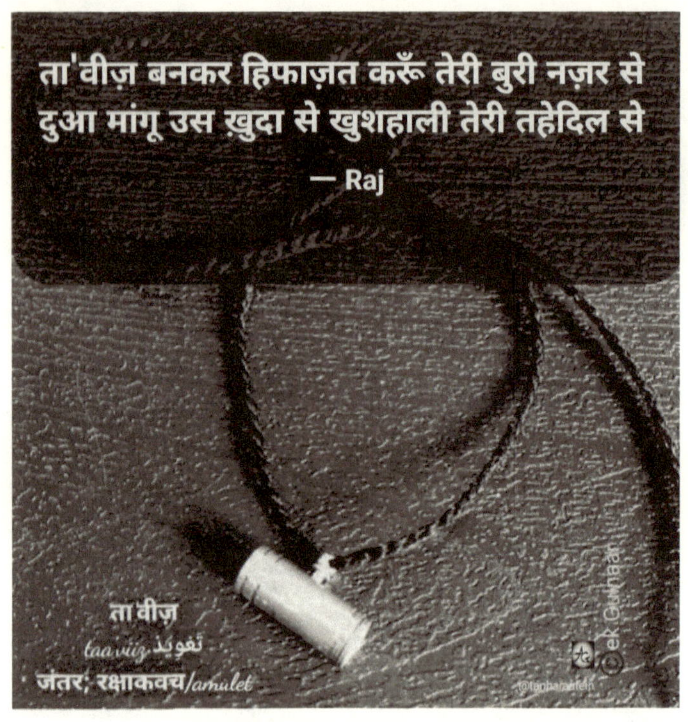

# 79. शो'ला-फ़िशाँ - आग बरसाने वाला

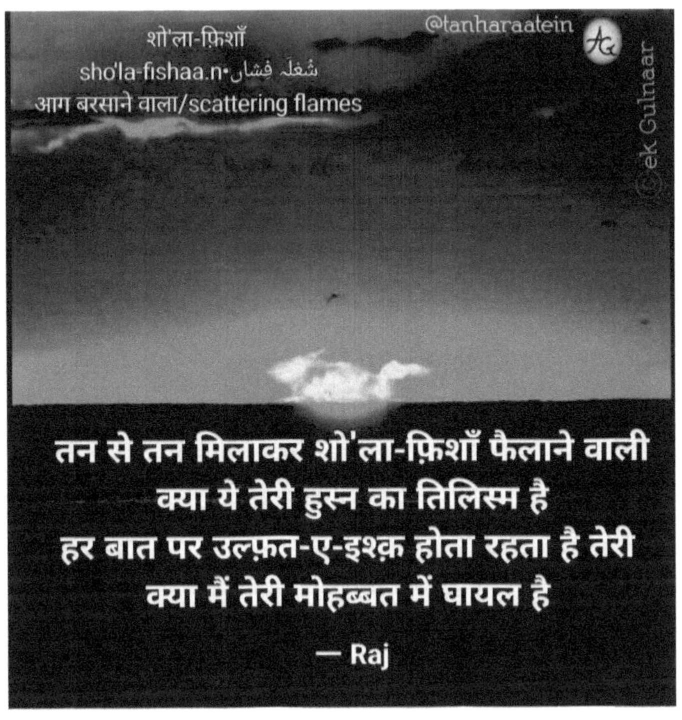

# 80. तप-ए-इश्क़ - प्रेम अगन

# 81. तर्जुमा - अनुवाद

• 81 •

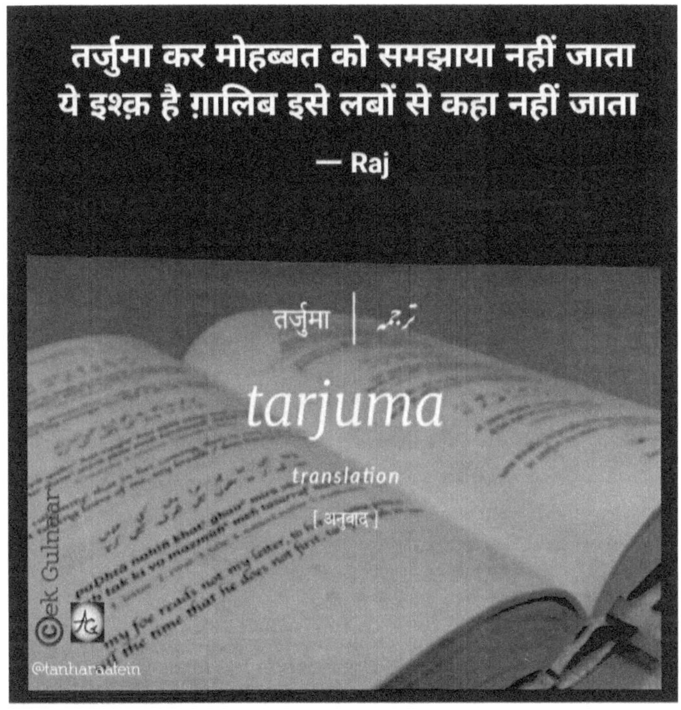

# 82. तस्वीर - चित्र

तस्वीर/ تَصوِير
चित्र / photo

तस्वीर तेरी दिल में बसाये रखा है मैंने
दिल में क्या रूह में सजाये रखा है मैंने

— Raj

# 83. लम्स - स्पर्श

तुम्हारी एक झलक के लिये तड़प रहा हूँ मैं
एक प्यार भरा लम्स के लिये तरस रहा हूँ मैं
— Raj
लम्स/ ಸ್ಪರ್ಶ
स्पर्श/touch
YourQuote.in

# 84. मयख़ाना - मधुशाला

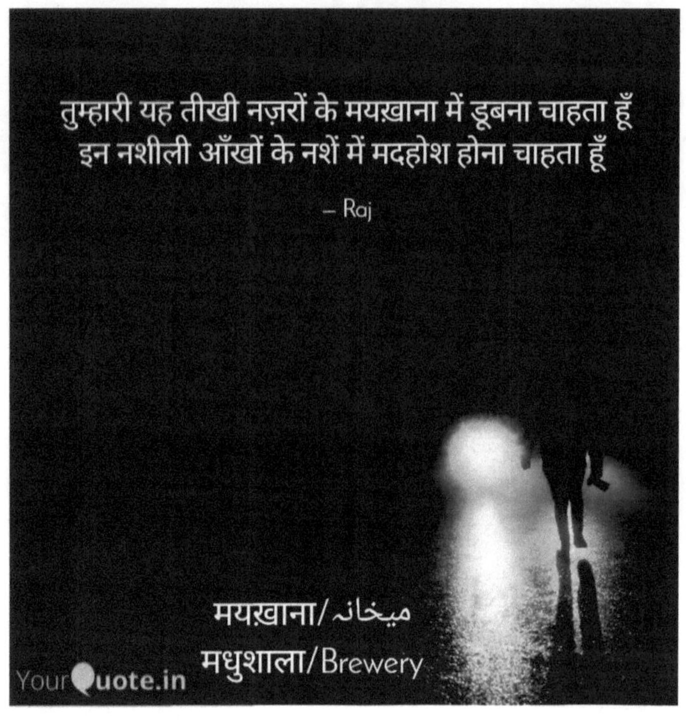
तुम्हारी यह तीखी नज़रों के मयखाना में डूबना चाहता हूँ
इन नशीली आँखों के नशें में मदहोश होना चाहता हूँ

— Raj

मयख़ाना/ميخانه
मधुशाला/Brewery

YourQuote.in

# 85. हिज़्र - वियोग

YourQuote.in
तुमसे हिज़्र होकर जी ना सके हैं हम
बस दर्द में डूबे हर पल रहते हैं हम
— Raj
हिज़्र/هجر/वियोग
Separation from beloved

# 86. ऐब - गुनाह

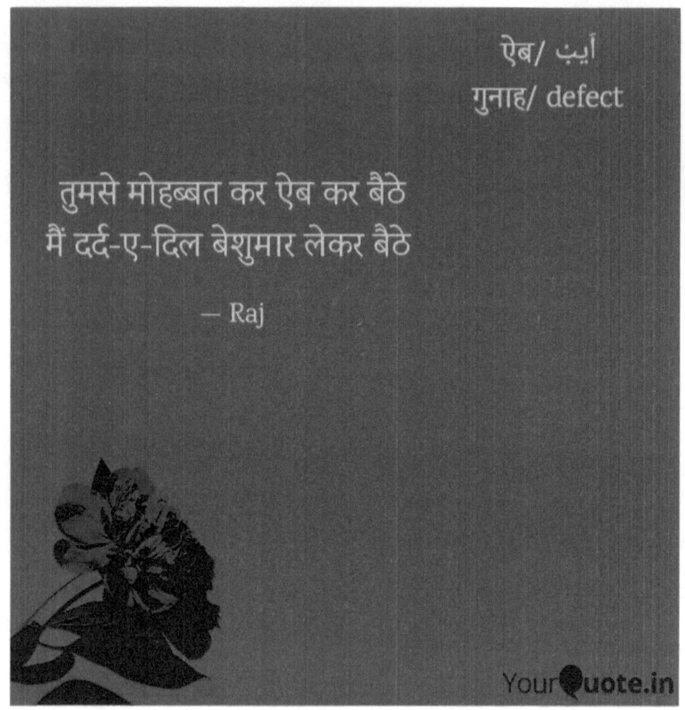

# 87. बोसा - चुंबन

तुमसे रूठ गया हम तो मानाने चली आयी
और चहरे पर यहाँ वहाँ बोसा करने लगी

– Raj

बोसा/بوسہ
kiss/चुंबन

YourQuote.in

# 88. दरवेश - बैरागी

درویش
Darvesh | दरवेश
( Recluse - बैरागी )
@tanharaatein
©ek Gulnaar
उफ़ यह इश्क़ नहीं आसान आशिक बना दिया
दर्द-ए-दिल देकर मुझें ये दरवेश बना दिया
— Raj

# 89. अर्श-ओ-फ़र्श - धरती-आकाश

# 90. तक़ाज़ा - मांग

उल्फ़त-ए-इश्क़ में कभी तक़ाज़ा-ए-मोहब्बत किया नहीं जाता
ये ख़ुदा का देन है, इस ज़माने में हर किसी को नसीब नहीं होता
— Raj
तक़ाज़ा
taqaaza•تَقَاضَا मांग/demand   ©ek Gulnaar

# 91. शब-ए-ग़म

# 92. शुस्तगी - सफ़ाई/ शुद्धता

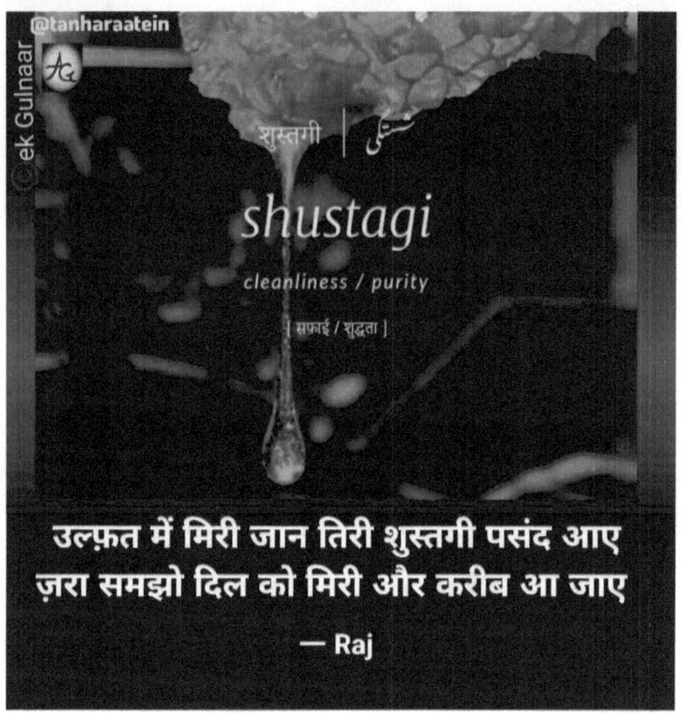

# 93. सैद-गाह - जंगल में शिकार

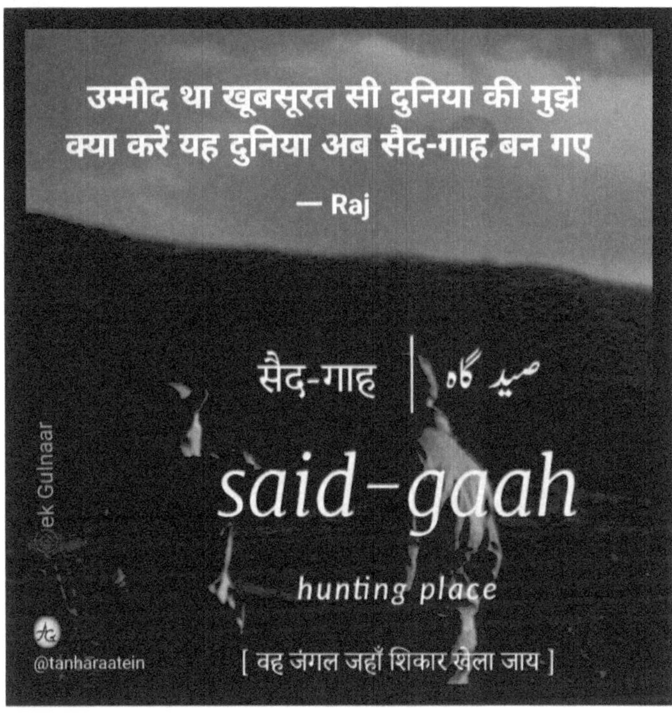

# 94. वहशी - जंगली

वहशी दरिंदों से बचना है मुश्किल यहाँ
चारों ओर उनकी ही साया है भरा यहाँ
— Raj
वहशी/وحشی
Goth,Wild/जंगली, असभ्य
— Aamir Shaikh

# 95. इश्क़-ए- हक़ीक़ी - ईश्वरीय-प्रेम

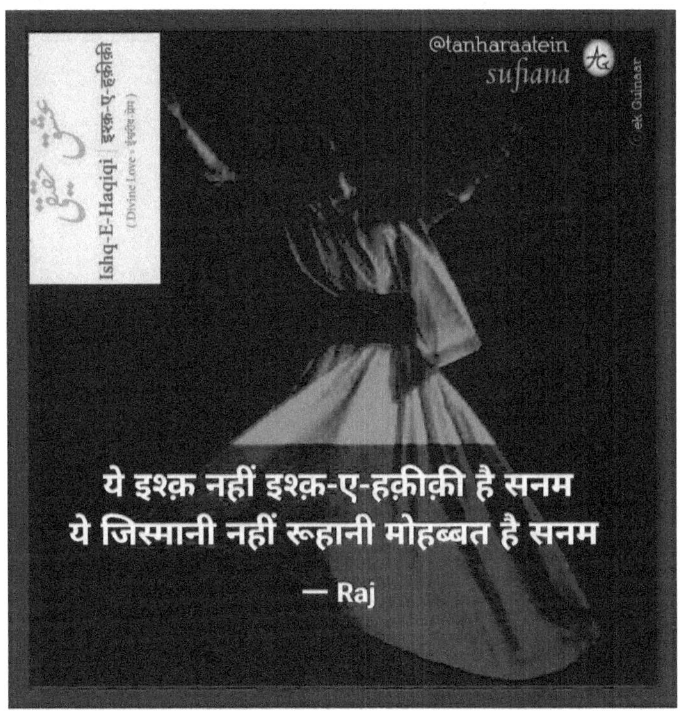

# 96. जफ़ा - अत्याचार

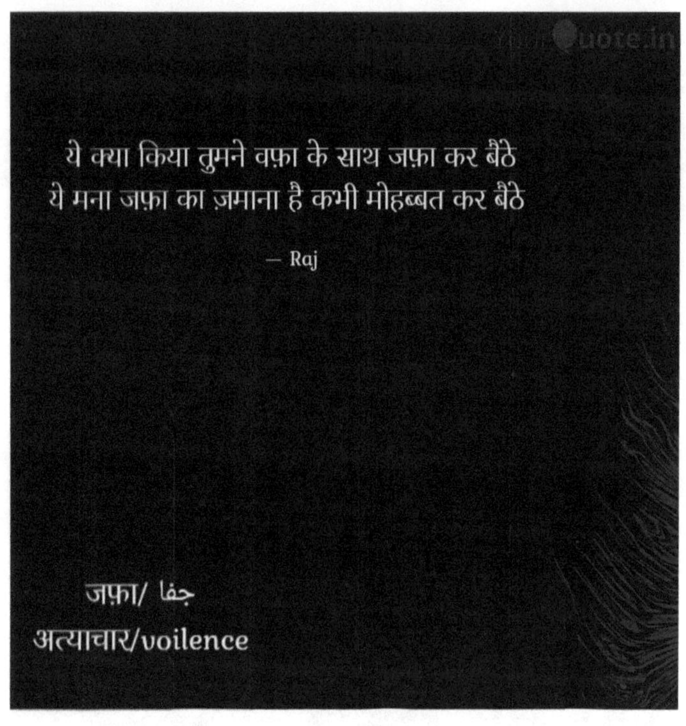

ये क्या किया तुमने वफ़ा के साथ जफ़ा कर बैठे
ये मना जफ़ा का ज़माना है कभी मोहब्बत कर बैठे

— Raj

जफ़ा/ جفا
अत्याचार/voilence

# 97. संग-ज़ार - पथरीला स्थान

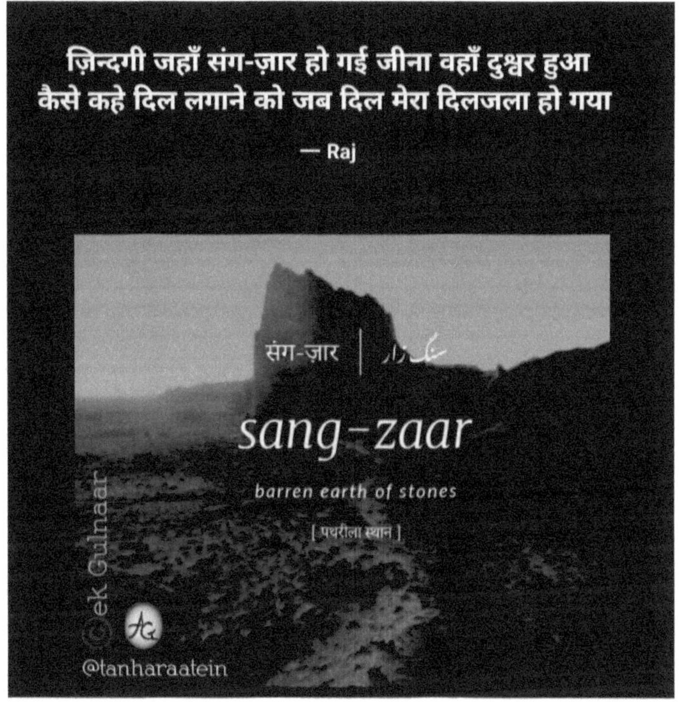

# 98. कारवाँ - जत्था/ काफ़िला

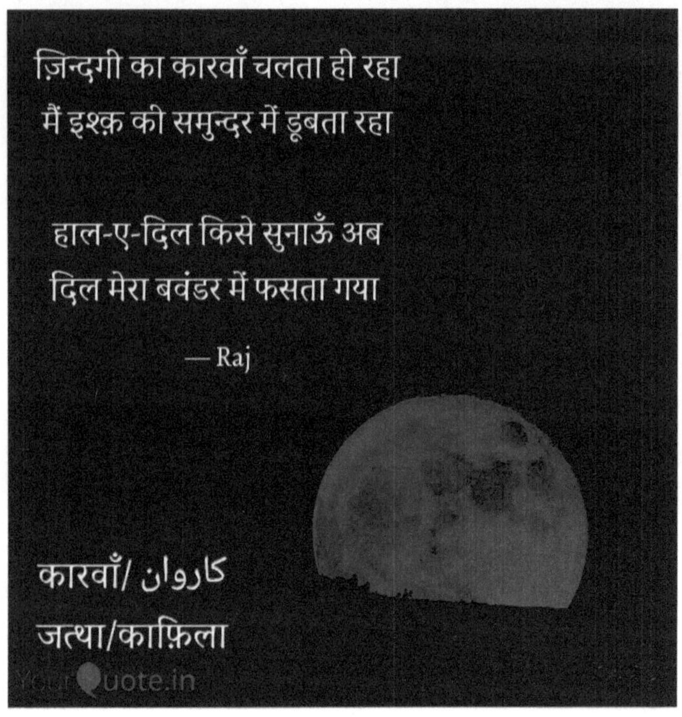

# अस्वीकरण

सभी रचनाएँ कल्पना पर आधारित हैं। इसका लेखक के जीवन या ब्रह्मांड में किसी से कोई लेना-देना नहीं है। सभी लेख काल्पनिक हैं और किसी जीवित या मृत व्यक्ति से कोई समानता नहीं है। यदि कोई समानता है तो यह मात्र संयोग है।

# लेखक की जीवनी

श्री के.सी. श्रीराज मेनन, जिनका जन्म केरल के एक संपन्न परिवार में 09 सितंबर 1973 को श्री कोझीपुरथ संकुन्नी मेनन और श्रीमती किज़हारा चालापुरथ सेथुलक्ष्मी मेनन के घर हुआ और महाराष्ट्र में अधिवासित हैं। वह बचपन से ही तेज-तर्रार शायरी करते थे, कहते और भूल जाते थे। एक बार उनके एक करीबी दोस्त ने इस पर गौर किया और उन्हें जो भी कविताएँ या उद्धरण कहते थे, उन्हें लिखने के लिए मजबूर किया और तब से उन्होंने लिखना शुरू कर दिया। उन्होंने अपनी कविताओं और उद्धरणों को अपने और अपने करीबी दोस्तों के पास तब तक सीमित रखा जब तक उन्हें अपने कामों को ऑनलाइन लिखने के लिए एक मंच नहीं मिला। वह Your Quote साइट पर एक सक्रिय लेखक हैं और उन्हें प्रतियोगिता के लिए कई प्रशंसापत्र और प्रमाणपत्र प्राप्त हुए हैं। वह एक बहुभाषी लेखक हैं और उनका लेखन विस्मयकारी है। चाहे वह अंग्रेजी, हिंदी, उर्दू, मलयालम और मराठी हो, वह सभी भाषाओं में उत्कृष्ट है। वह कई दिलचस्प लेखकों के लिए एक बड़ी प्रेरणा भी हैं। वह मुंबई विश्वविद्यालय से स्नातक हैं। वह एक एकाउंटेंट हैं और एक स्व-शिक्षित कंप्यूटर इंजीनियर भी हैं। उनके कौशल शीर्ष पायदान पर हैं और उनके पास कई प्रमाणपत्र हैं। अभिनय, लेखन, पेंटिंग और नृत्य और संगीत सुनना आदि... आदि उनके जुनून हैं।
Mail Id: shreeraj_m@yahoo.co.uk